AF588607

L27n
23706

LETTRES ET PÉTITIONS

AYANT POUR BUT DE FAIRE OBTENIR

à M. Louis CARLIER,

Médecin au Cateau,

LE TITRE DE

Chevalier de l'Ordre Impérial de la Légion d'Honneur.

25 Septembre 1867.

LE CATEAU,

IMPRIMERIE TYPOGRAPHIQUE ET LITHOGRAPHIQUE DE J. LEMPEREUR.

LETTRES ET PÉTITIONS

AYANT POUR BUT DE FAIRE OBTENIR

à M. Louis CARLIER,

Médecin au Cateau,

LE TITRE DE

Chevalier de l'Ordre Impérial de la Légion d'Honneur.

25 Septembre 1867.

LE CATEAU,

IMPRIMERIE TYPOGRAPHIQUE ET LITHOGRAPHIQUE DE J. LEMPEREUR.

TABLE.

1° LETTRE de M. Ch. Seydoux, Commandeur de la Légion d'Honneur, Député au Corps législatif, Conseiller général, à M. Deveau, Alfred, Conseiller municipal au Cateau, le 25 août 1867.

2° LETTRE de M. Aug. Seydoux, Officier de la Légion d'Honneur, Maire de la ville du Cateau, Conseiller d'arrondissement, à M. Deveau, Alfred, Conseiller municipal, le 18 septembre 1867.

3° PETITION du Conseil municipal de la ville du Cateau à M. le Sous-Préfet de Cambrai, le 22 août 1867.

4° LETTRE de M. Cassine, Docteur en médecine, Membre du Conseil municipal du Cateau, à M. le Sous-Préfet de Cambrai, le 23 août 1867.

5° PÉTITION du Conseil municipal de la ville du Cateau, le 10 février 1852.

6° CERTIFICAT de M. Ad. Wauters, Juge de paix du canton du Cateau, le 23 février 1852.

7° RAPPORT de M. Richard, Commissaire de Police du canton du Cateau, le 28 janvier 1852.

8° AVIS de la Brigade de Gendarmerie du canton du Cateau, le 2 février 1852.

9° PÉTITION des Membres de la Société Bonapartiste du canton du Cateau, le 12 février 1852.

10° PÉTITION des Ouvriers de la ville du Cateau, le 15 février 1852.

11° PÉTITION du Conseil municipal de la commune de Saint-Benin, le 23 janvier 1852.

12° PÉTITION du Conseil municipal de la commune de Basuel, le 25 février 1852.

13° PÉTITION du Conseil municipal de la commune du Pommereuil, le 20 janvier 1852.

14° PÉTITION du Conseil municipal de la commune de Montay, le 1er février 1852.

1. — Lettre de M. Ch. Seydoux, Député.

« Monsieur,

» Votre lettre du 23 courant me transmet la copie d'une Pétition adressée par le Conseil municipal du Cateau à M. le Sous-Préfet de Cambrai dans le but d'obtenir de Sa Majesté l'Empereur la décoration de la Légion-d'Honneur pour M. Carlier, médecin.

» Personne ne connaît mieux que moi les titres de M. Carlier à cette récompense et je serais très-heureux de la lui voir accorder. C'est vous dire que je ferai ce qui dépendra de moi pour cela. Je regrette seulement que vous m'ayez donné si tard communication de cette Pétition parce que ordinairement lorsque l'Empereur visite une ville, son voyage est précédé d'un travail sur les propositions à soumettre à son approbation, et si M. Carlier n'a pas été compris dans ce travail et n'est pas au nombre des candidats présentés par M. le Préfet, il sera beaucoup plus difficile de le faire admettre, d'autant plus que le nombre des demandes dépasse toutes proportions.

» Je n'en ferai pas moins ce qui dépendra de moi pour assurer le succès de la pétition, et si on ne peut l'atteindr cette fois, il ne faut pas désespérer et attendre une autre occasion.

» Recevez, Monsieur, mes civilités empressées.

» SEYDOUX. »

Le Val, le 25 *août* 1867.

2. — Lettre de M. Aug. Seydoux, Maire du Cateau.

« Au Cateau, le 18 Septembre 1867.

Monsieur Deveau, Alfred, Conseiller municipal au Cateau.

» Par votre lettre du 17 courant, vous me faites connaître votre intention de publier, sous forme de brochure, les lettres et les pétitions qui ont été écrites, lors de la visite de l'Empereur à Lille, dans le but de faire obtenir le titre de Chevalier de l'Ordre de la Légion-d'Honneur à M. Louis Carlier, votre oncle, et vous me demandez de me joindre à Messieurs les Membres du Conseil municipal, qui ont adressé à ce sujet une lettre à M. le Sous-Préfet, le 22 août dernier, époque à laquelle j'étais absent du Cateau.

» J'aime à croire que, toutes réflexions faites, vous reconnaîtrez avec moi que cette démarche de ma part serait aujourd'hui bien tardive et au moins inutile, car l'Administration supérieure doit être actuellement tout à fait fixée sur l'importance des services que Monsieur votre oncle a pu rendre au pays.

» Mais s'il en était autrement, et si des renseignements étaient demandés au Maire de la ville du Cateau, vous pouvez être certain, Monsieur, que je m'empresserais d'attester, que depuis l'année 1848, M. Louis Carlier n'a pas cessé de se montrer hautement le partisan le plus dévoué de Sa Majesté Napoléon III.

» Veuillez agréer, Monsieur, mes bien sincères salutations.

» A^te^ SEYDOUX. »

3. — Pétition du Conseil municipal de la ville du Cateau à M. le Sous-Préfet de Cambrai.

A Monsieur le Sous-Préfet de l'arrondissement de Cambrai.

Monsieur le Sous-Préfet,

Les soussignés, désirant que les nombreux services rendus gratuitement par M. Carlier, Louis, médecin au Cateau, soient l'objet d'une récompense nationale, viennent vous solliciter de vouloir bien le recommander à Monsieur le Préfet du département du Nord, pour qu'il obtienne de Sa Majesté l'Empereur Napoléon III, lors de son passage à Lille, la décoration de Chevalier de la Légion d'Honneur, titre qu'il a bien mérité.

M. Carlier exerce la profession de médecin gratuitement aux indigents du Cateau et des communes du canton du Cateau depuis le 20 septembre 1824 (43 ans).

S'est fait remarquer d'une manière toute particulière lors des épidémies 1832-1849-1866, donnant ses soins nuit et jour aux indigents sans aucune rétribution ni récompense.

Fait partie du Conseil municipal du Cateau depuis 1848, environ 20 ans.

Il est du Conseil d'arrondissement pour le canton du Cateau de puis 1852 (15 ans); Démissionnaire en faveur de M. le Juge de paix qu'il a recommandé aux électeurs.

Membre du Comice agricole de l'arrondissement de Cambrai.

En 1848, il était Président de la Société Bonapartiste du canton du Cateau, nommé par élection.

Eu 1849, il a fondé une Société de Secours mutuels au nombre de 150 sociétaires.

Médecin de plusieurs Bureaux de bienfaisance depuis plus de 30 ans.

Médecin de la maison d'Arrêt depuis plus de 30 ans.

Médecin des constatations de Décès depuis plus de 30 ans.

En 1852, a été nommé médecin des Enfants assistés du département de la Seine placés dans une partie de l'arrondissement de Cambrai.

Plusieurs communes ont adressé en 1852 des Pétitions au Président de la République pour obtenir une récompense nationale en sa faveur.

En mai 1838, il a été honoré d'une Médaille d'honneur de sauvetage.

Espérant que ses nombreux services seront récompensés,

Nous avons l'honneur d'être vos très-humbles et très-dévoués serviteurs.

Le Maire par intérim : C[t] LOZÉ;

PONSIN, *Adjoint;* DEVEAU, Alfred, COLLERY-COLMANT, Ch. DEVOUGE, DEGOIX, E. SAUTIER, R. TRUFFOT, MARÉCHAL, BASQUIN, DE LA FONS, DEBUYSER, J. HALETTE. FLAYELLE-TERNANT, REGNAUDIN, RICHARD, E. FIÉVET, COTTIAU-FIÉVET, *Conseillers municipaux.*

Le Cateau, le 23 août 1867.

---

4. — Lettre de M. Cassine. Docteur en médecine.

Le Cateau, le 23 août 1867.

Monsieur le Sous-Préfet de l'arrondissement de Cambrai.

« Monsieur le Sous-Préfet,

« Etant absent du Cateau lors de la demande que le Conseil municipal du Cateau vous a adressée. afin d'obtenir en faveur de M. Louis Carlier, médecin au Cateau, le titre de Chevalier de la Légion d'Honneur, je m'associe à mes honorables collègues, ayant éte appelé souvent à apprécier les qualités de son entier dévouement envers l'humanité souffrante. Je désire que M. Carlier soit récompensé de ses nombreux services.

« Dans cet espoir, j'ai l'honneur d'être, Monsieur le Sous-Préfet, votre très-dévoué serviteur. »

Docteur CASSINE,

Membre du Conseil municipal

5. — Pétition du Conseil municipal du Cateau

Les Conseillers municipaux et les Membres du Bureau de Bienfaisance de la ville du Cateau, à M. le Prince Louis Bonaparte.

« Prince,

» Nous soussignés, Conseillers municipaux et Membres du Bureau de bienfaisance de la ville du Cateau, voulant rendre hommage au dévouement et au désintéressement de M. Louis Carlier, médecin, certifions qu'il est à notre connaissance que depuis environ 28 ans qu'il exerce la médecine, il s'est montré généreux et attentif envers tout le monde, et notamment à l'égard de la classe malheureuse et ouvrière qu'il traite gratuitement, et que, pendant les temps d'épidémie, principalement en 1832 et 1849, quand le choléra a exercé ses ravages dans la localité et les communes environnantes, son courage ne s'est jamais ralenti, même au milieu du danger qu'il a couru lui-même.

» En témoignage de notre satisfaction, nous lui avons délivré le présent certificat pour être adressé à M. le Président de la République à qui nous recommandons cet honorable citoyen qui, à nos yeux, mérite à juste titre une marque de bienveillance du gouvernement, en récompense des services qu'il a rendus à la société. »

Fait au Cateau, le 10 *février* 1852.

Pour le Maire absent : PONSIN, *Adjoint;*
EMILE FIÉVET, Aug. DORMAY, A. MOUTON, MARÉCHAL, ERAUX, JACQZ-CAILLE, JACQZ, Hector, DEHAUSSY, FLAYELLE, EGRET, H. VALLEZ, HERBERT, PIETTE-BAUDRY, Ch. LAUDE, BELIN-COUSIN, Ch. DEVOUGE, ELIE-EGRET.

6. — Certificat de M. Ad. Wauters, Juge de Paix.

« Le Juge de Paix du Canton du Cateau, soussigné, atteste que depuis son séjour au Cateau, il a constamment entendu faire l'éloge des sentiments philantropiques de M. Carlier, Louis, médecin de cette ville et Président de la Société de Secours mutuels, établie depuis 4 ans environ dans cette localité.

» M. Carlier, dont le dévouement au Prince est connu de tous, ne cesse de venir en aide aux malheureux qui connaissent la bonté de son cœur, réclament les secours de sa bourse et de sa capacité médicale. »

En notre Cabinet au Cateau, le 23 février 1852.

Signé : Ad. WAUTERS,
Juge de Paix.

---

7. — Rapport de M. le Commissaire de Police de la ville du Cateau.

« Nous, Commissaire de Police de la ville du Cateau, voulant donner à M. Louis Corlier, médecin en cette ville, une marque de notre satisfaction pour le bon esprit d'ordre qu'il a montré pendant les moments difficiles que nous avons traversés depuis plusieurs années, nous nous plaisons à lui donner acte des faits qui l'honorent et qui prouvent combien il est attaché aux principes du Gouvernement actuel et notamment à la personne du prince Louis Napoléon, qui en est le chef.

» Fin 1848, M. Carlier créa par ses soins, dans le but de tenir les ouvriers dans un état de tranquilité en les occupant de choses sérieuses et utiles à l'amélioration de leur position, une Société qui prit le nom de Société Bonapartiste. En plusieurs circonstances, cette Société a été reconnue utile. Après le Coup d'état, M. Carlier vint spontanément nous offrir ses services en nous assurant qu'en cas de mouvement ou de trouble, les hommes de cette Société dont il est le Président, seraient prêts à marcher pour le rétablissement de l'ordre; lorsqu'on abattit l'arbre la Liberté, ses hommes se trouvaient placés dans le quartier de la ville qui pouvait faire naître quelque bruit.

» Son adhésion à la continuation des pouvoirs du prince Louis Napoléon fut grande. M. Carlier placé à la tête de la Société, se rendit à l'église où il présenta à la bénédiction du clergé une bannière qu'il offrait à la mémoire des circonstances actuelles, et dont l'inscription prouve l'esprit dont cet honnête homme est inspiré :

Société de Secours mutuels du canton du Cateau.

L. N. B.

Fondée le 10 *décembre* 1848, *par M. Louis CARLIER.*

» Le Clergé s'empressa de satisfaire à sa demande; et dans un discours adressé à la Société, M. le doyen curé du Cateau fit comprendre l'importance d'une pareille démonstration, loua les services qu'il avait rendus, et rendit hommage aux vertus de M. Carlier.

» Nous certifions que M. Louis Carlier est généralement aimé et estimé de ses concitoyens, moins par la position qu'il occupe que par les soins gratuits qu'il prodigue aux ouvriers malades. »

Fait au Cateau, le 28 *janvier* 1852.

Signé : RICHARD,
Commissaire de Police.

---

8. — Avis de la Brigade de Gendarmerie du Cateau.

La Brigade de Gendarmerie du canton du Cateau ne pouvant signer aucune pièce sans autorisation de son Commandant, regrette infiniment de ne pouvoir venir s'associer et contribuer à une recommandation aussi juste et légitime envers M. Carlier, médecin, puisque M. Carlier, Louis, leur a donné ses soins et à leurs familles gratuitement, depuis qu'il exerce la médecine au Cateau.

9. — Pétition des membres de la Société Bonapartiste du Cateau.

La Société de Secours mutuels Bonapartiste du canton du Cateau, instituée avec l'autorisation du Préfet du Nord, au Prince Louis-Napoléon.

« Cher et digne Prince,

» M. Louis Carlier, médecin, notre Président, Conseiller municipal, Membre et Secrétaire du Comité de salubrité du canton et de la Commission des logements insalubres, Chirurgien aide-major de la garde nationale depuis plus de vingt ans, chargé du service des militaires passagers en cette ville, sans aucune rétribution, déjà décoré d'une médaille d'honneur que lui a décerné le gouvernement pour de belles actions et de différentes autres Médailles, Prix et Mentions honorables obtenus pour des raisons qui se rattachent à son art, mérite plus que jamais, aujourd'hui qu'il sait faire droit aux justes demandes, d'être signalé à la bienveillance du prince Louis Napoléon.

» M. Carlier, médecin de plusieurs Bureaux de bienfaisance du canton et de divers Établissements charitables, n'a point cessé, pendant 28 ans, d'exercer sa profession gratuitement non seulement au profit de la classe malheureuse, mais encore en faveur de la population laborieuse et industrielle, sans cependant nuire à sa position de père de famille. Il trouve en menant une vie sobre et dans ses moyens de fortune de quoi fournir à son existence.

» Pendant l'invasion du choléra qui a sévi si cruellement en notre ville pendant l'année 1849, M. Carlier ne consultant que son courage a, au détriment de sa santé, redoublé de zèle pour soulager de nombreuses victimes qui ne croyaient pouvoir trouver de secours qu'en lui; leur attente n'était pas trompée, car, indépendamment de son service comme médecin communal chargé de constater les décès et de visiter les prisonniers et les orphelins, il prenait même sur les heures qui étaient dues à son repos pour les voir, leur procurer tous les moyens nécessaires à leur guérison et les consoler dans leur affliction; sa bourse était ouverte à la plupart, et sa générosité n'a fait qu'accroître avec l'urgence.

» Atteint lui-même de cette épidémie après deux mois de fatigue et n'étant que convalescent, il se faisait conduire en voiture près des malades atteints de cette cruelle maladie.

» Dans plusieurs circonstances, il a mis à l'abri des poursuites judiciaires plusieurs pères de famille qui se sont rendus coupables de délits forestiers, en acquittant par lui-même l'amende à laquelle ils avaient été condamnés.

» La Vaccine, il l'exerce et l'a toujours exercée essentiellement gratuite; c'est à lui en grande partie qu'est due la grande diminution de cas de petite vérole qui afflige tant la société, surtout dans les campagnes où il existe encore des préjugés.

» Enfin, Prince, s'il fallait énumérer toutes ses belles qualités, il nous serait presqu'impossible; ses bienfaits s'étendent partout, sa main bienfaisante est tendue à tous les malheureux, et pour vous dire en mot ce qu'il est, il est à juste titre surnommé le Père du peuple.

» Prince, laisserez-vous dans l'oubli une semblable conduite; ne réparerez-vous pas ce que les anciennes administrations ont laissé sans récompense ? Non, votre cœur ne le voudrait pas, votre oreille ne sera pas sourde à notre prière, et nous avons l'espoir que notre Président, celui qui se fait l'orgueil de notre Société Bonapartiste qui existe depuis quatre ans environ, se verra honoré d'une récompense supérieure à celles qu'il a déjà obtenues. Nous nous trouverions nous-mêmes honorés d'une pareille marque placée à la tête de notre Société, et c'est alors que nous pourrions dire que notre Président, qui a eu l'honneur de tenir dans sa main celle du prince Louis Napoléon à sa belle et digne revue de Saint-Quentin, a trouvé justice en lui et qu'il a obtenu le mérite dû à sa conduite et à son grand dévouement en saisissant toujours avec empressement les occasions de faire le bien, toujours le bien.

» Les soussignés ont l'honneur d'être avec le plus profond respect, Prince, vos très-humbles et très-dévoués serviteurs. »

(*Suivent* 214 *Signatures*).

Vu par nous, Maire de la ville du Cateau, pour légalisation des Signatures apposées,

Le 12 *février* 1852.

POUR LE MAIRE ABSENT,

Signé : PONSIN, 1er Adjoint.

---

10. — Pétition des Ouvriers de la ville du Cateau.

Les Ouvriers de la ville du Cateau, au prince Louis Napoléon Bonaparte.

« Cher Prince,

» Les soussignés, au moment où par votre intelligence supérieure la France vient d'être arrachée à l'anarchie qui la minait, viennent vous remercier de votre conduite si noble et si sublime dans cet acte de haute capacité et en même temps vous prier de vouloir bien récompenser le mérite de M. Carlier, Louis, médecin au Cateau.

» En effet, illustre Prince, tout ce qu'un homme de bien peut faire, il le fait, et chaque jour de sa vie est marqué par un bienfait ; aussi serions-nous flattés et heureux de voir que des qualités recommandables ne resteraient pas sans récompense.

» Ne faisant pas partie de la Société Bonapartiste, nous ne pouvons qu'admirer combien cette Société est utile, et nous nous plaisons à rendre justice au Président de cette belle institution qui, par sa science, est toujours prêt à tendre la main à l'infortune.

» Il nous faudrait un cortége de termes pompeux pour rendre dignement toutes les vertus de l'homme estimable pour lequel nous intercédons ici votre bienveillance. Ah ! cher Prince, si vous aviez pu voir quel zèle infatigable il déployait dans l'épidémie qui décimait notre ville il y a quelques années, que l'on ne pourrait le comparer qu'à la sœur Marthe; rien ne l'a rebuté dans ce temps de deuil. Enfin, il a fait une telle abnégation de lui même, qu'il a fini par en devenir aussi la victiime. Heureux que Dieu a bien voulu nous le conserver.

» Nous ne taririons pas s'il fallait nous étendre sur toutes les qualités qui ornent sa belle âme.

» Nous avons l'espoir, cher Prince, que vous n'oublierez pas une conduite si digne de votre sollicitude et qu'une marque d'honneur lui sera accordée comme récompense due à son mérite.

» La ville du Cateau sera fière et quelle gratitude nous vous devrons pour ce bienfait.

» Les soussignés ont l'honneur d'être avec le plus profond respect, cher Prince, vos très-humbles et très-dévoués serviteurs. »

(*Suivent* 322 *Signatures*).

Vu pour légalisation des Signatures apposées.

Le 18 *février* 1852.

POUR LE MAIRE ABSENT.

Signé : PONSIN, 1er Adjoint.

11. — Pétition du Conseil municipal de Saint-Benin.

Le Maire et les Conseillers municipaux de la commune de Saint-Benin, au prince Louis Napoléon.

« Prince,

» Les soussignés, habitants de la commune de Saint-Benin, canton du Cateau, ont l'honneur de vous exposer que M. Louis Carlier, médecin au Cateau, a toujours agi dans un but charitable et désintéressé, toutes les fois qu'il a été appelé dans notre commune, pour l'exercice de son art médical. Depuis vingt-huit ans, il exerce la médecine plutôt par humanité que par intérêt, et les pauvres qui lui demandent ce qui lui est dû n'obtiennent d'autre réponse que celle-ci : « Portez-vous bien, ne parlez pas de cela, soyez homme d'ordre. »

» Cet homme charitable et estimable que nous révérons comme un père, a obtenu déjà une médaille pour les services rendus par lui à l'humanité.

» Nous vous adressons donc cette Supplique, vous priant de la prendre en considération, en lui accordant la décoration de la Légion d'Honneur. »

Saint-Benin, le 23 janvier 1852.

Le Maire : J.-B[te] VALLET.

Les Conseillers municipaux : J.-B. VALLET, LACOURTE, LEGRAND-MARTIAL, GOSSET, MILLOT-GERVAIS, AFCHAIN Célestin, BRICOUT, A. GODELIER, H. MILLOT, H. VALLET.

Vu pour légalisation des Signatures ci-dessus.

Le Maire : J.-B[te] VALLET.

12. — Pétition du Conseil municipal de Basuel.

Le Maire, les Conseillers municipaux et les Membres du Bureau de bienfaisance de la commune de Basuel, au prince Louis Napoléon Bonaparte.

« Cher Prince,

» Les soussignés, désirant que les services rendus par M. Carlier, Médecin au Cateau, déjà décoré de médailles d'honneur, soient portés à la connaisssnce du gouvernement, certifient que sa conduite a été de tous temps admirable. Comme médecin, depuis vingt-huit ans son art fut exercé gratuitement, tous ses efforts, tout son temps et sa science ont été employés au service des malheureux et des ouvriers; comme homme, il s'occupe de leurs affaires, cherchant partout les moyens d'améliorer leur position; sa bourse, souvent ouverte, ne saurait les laisser dans la peine, et sa sollicitude a quelquefois été de couvrir une partie des dettes créées par des pères de famille.

» Enfin, les soussignés, confiant dans l'équité et la sagesse du gouvernement, s'empressent de porter à la connaissance du prince Louis Napoléon les actes de la conduite louable et désintéressée de M. Carlier, en appelant sur cet honnête homme tous les bienfaits de votre bienveillance par une haute marque d'honneur. »

Basuel, le 25 *février* 1852.

Le Maire : FRANQUET,

Les Conseillers municipaux : ANCIAUX, HUTIN Alexis, HERLAIMONT, J.-B. BLONDEAU, J.-B. DRUESNE, OBJOIT-CANONNE, Nestor BOUCHER, A. LEMAIRE, BOULOGNE, J. HERLAIMONT.

Vu pour légalisation des Signatures ci-dessus.

Le Maire : FRANQUET.

13. — Pétition du Conseil muuicipal du Pommereuil.

Le Maire, les Conseillers municipaux et les Membres du Bureau de bienfaisance de la commune du Pommereuil, au prince Louis Napoléon Bonaparte.

« Prince,

» Le Maire de la commune du Pommereuil, canton du Cateau, organe du Conseil municipal et de ses concitoyens, et les Membres du Bureau de bienfaisance, voulant que les services rendus par M. Carlier, Louis, médecin au Cateau, ne soient oubliés plus longtemps, ont l'honneur de le recommander à la sollicitude du gouvernement. Homme probre et intègre, M. Carlier n'a point cessé, pendant environ trente ans, d'exercer son art gratuitement en faveur d'uue grande partie des habitants et notamment à l'égard de la classe malheureuse.

» En conséquence, les soussignés viennent le signaler au prince Louis Napoléon Bonaparte, pour qu'une marque d'honneur lui soit accordée en récompense de ses bons et loyaux services. »

Pommereuil, le 20 *janvier* 1852.

Le Maire : CLOEZ.

Les Conseillers municipaux : CLOEZ, CARPENTIER, MORTIER, GODARD, PRUVOST, DELATTRE, FONTAINE.

Vu pour légalisation des Signatures des Conseillers municipaux.

Le Maire : CLOEZ.

14. — Pétition du Conseil municipal de Montay.

Le Maire et les Conseillers municipaux de la commune de Montay, au prince Louis Napoléon.

« Prince,

» Nous apprenons avec la plus grande satisfaction que la ville du Cateau désire obtenir une marque d'honneur pour M. Carlier, Louis, médecin, qui, par son mérite et son désintéressement, s'est signalé à juste titre comme un bienfaiteur de l'humanité.

» Nous désirons aussi qu'il obtienne de votre bieuveillance une marque de distinction, car dans les temps dfficiles, il s'est montré l'homme généreux par excellence.

Le récit du bien qu'il a fait serait long, et vingt-huit années de dévouement sont, nous croyons, des titres. Comme médecin, rien ne l'a rebuté; comme homme, sa bourse est à l'infortune et aux malheureux. Aussi, est-il à juste titre appelé le Père des pauvres

» Cher Prince, nous et tous les habitants de notre commuue serons reconnaissants si vous daigniez répondre à nos désirs. »

Montay, le 1er *février* 1852

Le Maire : DANJOU-DEHAUSSY.

Les Conseillers municipaux : P.-J. OUDART, GODESCAUX, CH. DESSE, DESSE P.-J., LECERF Prosper, BOUCHER, DUPONT, LEFEBVRE.

Vu pour légalisation des Signatures des Conseillers municipaux.

Le Maire : DANJOU-DEHAUSSY.

IMPRIMERIE DUMESNIL, AU CATEAU, JULES LEMPEREUR, SUCC.

www.ingramcontent.com/pod-product-compliance
Ingram Content Group UK Ltd.
Pitfield, Milton Keynes, MK11 3LW, UK
UKHW021938200726
13855UKWH00007B/1574

9 782013 185622